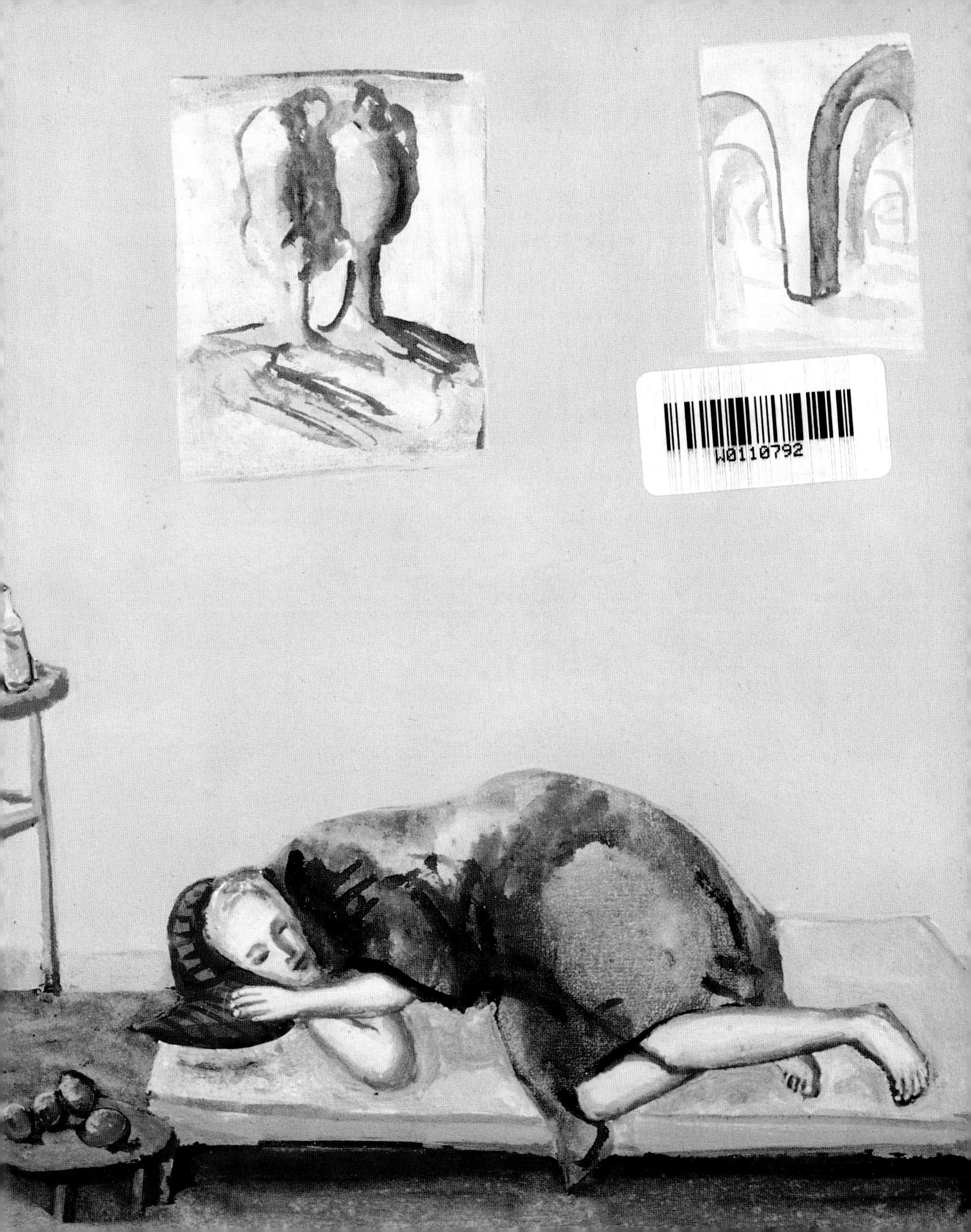

Dank für das Zustandekommen dieses Buches gilt dem Museumsverein Werfen, Karin Thomas, Köln, Georg Schöllhammer, Wien, Thomas Rehbein, Köln, und Dieter Matzke, Berlin. Besonderer Dank gebührt Peter Mayr, dem dieses Buch gewidmet ist.

Inhalt

Karin Thomas

Das Aufscheinen des Unvertrauten in den Bildern von Christian Macketanz

Erst auf den zweiten Blick registriert der Betrachter das Ausmaß an Hintergründigkeit, mit der Christian Macketanz das augenscheinliche Szenarium seiner Bildgeschichten hinterlegt. Allzusehr wird die Aufmerksamkeit zunächst vom Reiz eines pittoresken Bildgeschehens, vom transparenten Schweben der Farben und von der Anmut der alltagsnahen und doch zugleich auch seltsam alltagsentrückten Personen gefesselt. Mit malerischem Raffinement und einer Vielzahl miteinander verwobener Motivanleihen aus der Kunstgeschichte lockt uns der Künstler in den Innenraum seiner Bilder und setzt uns dort mit der Verführungskraft einer poetischen Rätselhaftigkeit dem Schock der großen und kleinen Lebensparadoxien aus.

In diesem Sinne trägt der Schüler von Maria Lassnig jene obsessiven Welt- und Selbsterfahrungen mit sich, die der Wiener Aktionismus den lasziven Erotismen und psychoanalytischen Sektionsbefunden des österreichischen Fin de Siècle entlieh, um dieses Erbe in den eigenen Körper- und Malperformances mit noch stärkerer Radikalität zu revitalisieren. Doch Macketanz hat sich den wild gestikulierenden Maleruptionen verweigert, die das Klima der österreichischen Kunstszene während seiner Wiener Studienjahre beherrschten. Zu deutlich war in den achtziger Jahren absehbar, dass sich diese neoexpressionistischen Aufladungen rasch verausgaben würden. Macketanz betrieb stattdessen von Anfang an die eigenwillige Mimesis einer geradezu klassisch anmutenden Genremalerei, um in deren Landschaftskulissen und Figurenstaffagen heimliche Irritationen so hineinzuschreiben, dass der Betrachter auf die latenten Deformationen einer vermeintlich ungetrübten Normalität ausschließlich durch die aus dem Bildgefüge hervorscheinende Verunsicherung aufmerksam wird. Nur selten werden die Verunsicherungsindikatoren so deutlich augenfällig wie auf dem Gemälde mit dem lapidaren Titel *Ein Raum* (Abb. S. 32) von 1994: Im rechten Bildsegment klammert sich ein Baum mit seinen Wurzeln an die Decke eines Gehäuses, das aufgrund der Tätigkeit seines Bewohners als Atelier deutbar ist. In den begrünten Zweigen verharrt eine männliche Person in der Beobachtung eines weiteren Mannes in weißem Kittel, der seine Arbeit an einer Planzeichnung unterbrochen hat und den Einbruch der auf den Kopf gestellten Natur in seinen technischen Raum mit

»Der lebendige Tote« 1993, 120 x 90 cm, Öl/Leinwand

Erstaunen wahrnimmt. Beide Figuren sind dennoch merkwürdig unbeteiligt an dem Bildgeschehen, was sich in der Passivität ihrer ruhenden Hände bildlich niederschlägt.

Eine sublime Malerei bereitet den doppelten Resonanzboden, auf dem sich Anachronismen zugleich verbergen und enthüllen. Im Umgang mit sorgfältig ausgewählten Malattitüden und Bilderzählungen spiegelt sich die künstlerische Strategie einer Camouflage, die malerische Eigenverwertung der Kunstgeschichte betreibt, um mit den Mitteln der verstohlenen Ironie oder Parodie das geliehene Bildvokabular zu verunsichern und neu zu arrangieren. In vielen Gemälden der Jahre 1987 bis 1992 sind die Bezüge zu kunsthistorischen Vorlagen evident, ohne dass sich Macketanz der seinerzeit allseits praktizierten Zitatenmalerei anheim gegeben hätte. Er entlehnt aus dem Fundus der Malereigeschichte ikonografische Topoi, um sie sich mit einer unverkennbaren Eigenhandschrift anzuverwandeln. So verbindet das Gemälde mit dem verweisträchtigen Titel *Wandel* (Abb. S.23) von 1990 Tizians Gestus der Himmelfahrt Mariens aus der Frarikirche in Venedig mit den manieristischen Transzendenzstigmata eines El Greco, um den Bildsinn auf diese Weise einem gegenüber seinem venezianischen Vorbild überraschenden »Wandel« zu unterziehen. Denn Macketanz weitet die wunderbare Transzendenz der Assunta auf die Beobachter der Himmelfahrt im unteren Bildgeschehen aus. Diese verfolgen im Zustand eines horizontalen Schwebens den von Engeln geführten vertikalen Aufstieg der Madonnengestalt in die himmlischen Sphären. Einen zentralen Glaubensinhalt katholischer Provenienz, die körperliche Verklärung Mariens bei ihrer Himmelfahrt, die Tizian als sinnliche Anschauung so eindrucksvoll vergegenwärtigt hat, überträgt Macketanz mit verblüffender Selbstverständlichkeit auf alle Personen seiner Bilderzählung. Sein Kompositionsaufbau übernimmt lediglich die Vertikalbewegung der Mariengestalt. Die Sinnverkehrung gegenüber dem christlichen Glaubenskanon wirft den auf die sinnliche Anschauung eines Wunders konzentrierten Bildgehalt der Renaissance-Vorlage zurück in die profanen Gefilde einer traumatischen Vorstellung, ohne dass dem Gemälde dabei die aus der malerischen Delikatesse gewonnene poetische Aura geraubt wird.

Derartige Bilderfindungen resultieren aus der eigensinnigen Synthese von Nachahmung und Metamorphose, eine Methode, die erstaunliche Parallelen zum Capriccio-Konzept von Goya aufweist. Die kombinatorische Mimesis als spezifisches Medium des Künstlers verbindet das Disparate und liefert die gefundenen Versatzstücke – zur Erzeugung einer ureigenen Bildidee – dem Verwandlungsspiel ihrer Phantasie aus. So nutzt Goya die Camouflage der Capriccio-Gewandung als »launisches Arrangement«, um in den Bildern seiner Phantasie umso schärfer »die wahre Natur der Dinge zu enthüllen«. Die virtuose Formel des scherzhaften Phantasiestückes, die in der barocken Kunst, Musik und Literatur ein beliebtes Gesellschaftsspiel abgab, verwandeln Goyas Ausgeburten aus dem »Schlaf der Vernunft« mit Hans Belting gesprochen »in einen kritischen Spiegel der Welt«, ohne dass die formale Typik des Capriccios als »geistvolle Kombination der Phantasie« beschädigt wird.

Anhand eines Gemäldes wie *Zwillinge* (Abb. S. 24) von Macketanz lassen sich die direkten Nähen zu Goyas Capriccio-Verständnis offen legen. Die beunruhigende Wirkung, die das Bild *Zwillinge* ausübt, resultiert nicht aus der Darstellung eines miteinander an der Brust verwachsenen Zwillingspaares, sondern sie entsteht aus der kulissenhaften Überblendung einer romantischen Landschaft mit der irritierenden Figurenstaffage der siamesischen Zwillinge, die in dieser Konstellation als pandämonische Verfehlungen einer ansonsten heilen Natur erscheinen. Durch diese Groteske der Komposition kommt die Erinnerung an die Bosheit der menschlichen Gesellschaft zum Vorschein, die im Medienbild eine abnorme Menschengestalt zum monströsen Schaustück verdinglicht.

Damit derartige Kontexte aus der Bilderzählung aufblitzen können, bedarf es einer Sogwirkung, die den Betrachter in die Bilder hineinführt. Wie bereits anfänglich gesagt, verlässt sich Christian Macketanz dabei ausgiebig auf die mimetische Potenz von im Gedächtnis gespeicherten, suggestiven Bildern. Aus ihrer Vernetzung erwächst eine Form von bildnerischem Denken, das ohne Begrifflichkeit, aber durch die Stringenz einer bildhaften Metaphorik überzeugt.

Von weiten Himmeln überwölbte stimmungsvolle Landschaften erinnern entfernt an das idealisierte Italien der Nazarener und Präraffaeliten. Niederösterreichische Donauweiten oder aus der Gipfelperspektive wahrgenommene Bergregionen durchpulst der expressive Atem der Romantik und des Blauen Reiter; durch Abstraktion von Details werden ihre Topografien einer Verortbarkeit entzogen. Ihr Tiefensog verleiht ihnen trotz aller Differenz die erhabene Entrücktheit der Landschaften von Claude Lorrain, zumal Macketanz ähnlich wie der meisterliche Landschaftserfinder des 17. Jahrhunderts seine Figuren an den Randzonen der Panoramen ansiedelt. Während sich jedoch im mythologischen Sinnhorizont der Personenarrangements von Claude Lorrain die Erhabenheit der idealisierten Landschaft reflektiert, wissen die Menschen auf Macketanz' weiten Panoramen zumeist wenig mit den stimmungsvollen Landschaftsausblicken oder gotisierenden Räumen anzufangen, die der Künstler vor bzw. hinter ihnen ausbreitet. Entweder suchen oder finden sie ein Nichts (*Da*, 1991, Abb. S. 25), sind eingeschobenes Bild im Bild, wie der in klassischer Reiterpositur und Untersicht dargestellte *Bruder auf Wanda* (Abb. S. 27), oder sie erstarren in theatralischen, zuweilen gar skulpturalen Stellungen, wie sie die Geschichte der Kunst seit der Antike als spezifische Haltungsformeln tradiert hat. Vor allem aber erschöpfen sich die meisten Personen in der Leere eines sinnlos erscheinenden Wartens. Als solche nimmt der Betrachter jenen Heiligen auf einem Felsvorsprung wahr, dem es in seiner Weltentrücktheit nicht gelingt, den am Boden mit allen Vieren zappelnden Esel wieder auf die Beine zu bringen. Der Esel wird zur Metapher für den hilflos grotesken Zustand des Heiligen, was der üblichen Vorstellung von der stets zuversichtlichen Befindlichkeit eines Gott vertrauenden Heiligen zuwiderläuft.

Typisch für die Gestalten des Macketanz'schen Bildpersonals sind ihre bühnenhaften Gebärden, die wesentlich dazu beitragen, den Bildsinn aus den erzählten Ereignissen heraus auf die metaphorische Ebene einer möglichen psychoanalytischen Diagnose zu heben. Ihre posenhafte Stilisierung erinnert an die Körpersprache der biblischen und mythologischen Figuren des Nicolas Poussin, der, als Zeitgenosse Claude Lorrains in Rom lebend, die Ikonografie antiker Mythologie und religiöser Meditation mit dem malerischen Modernismus Caravaggios zu verbinden suchte. Doch Macketanz unterminiert die konkrete inhaltliche Botschaft Poussins, schält nur dessen verfeinerte Poesie und das Gefallen an stilisierter Figurendramatik heraus, um stattdessen eine bildornamental anmutende Attitüde der Melancholie zu erzeugen. Dieses melancholische Verharren korrespondiert mit der bildkünstlerischen Sprachform der Groteske insofern, als ihre Inspiration – ausgelöst durch Überreizung – gemäß psychoanalytischer Diagnostik Trug-, Traum- und Schreckensbilder zeichnet. In ihrem Zustand spiegelt sich somit nichts anderes als Verunsicherung, der Macketanz mit den grotesken Kontexten seiner Kompositionen ein malerisches Äquivalent setzt.

Das Temperament der Melancholie hat als Bilddarstellung in der Kunstgeschichte eine lange Tradition. Ihre klassische Personifikation als weibliche Allegorie gab Dürer, vom Melancholiker abgeleitet ist der Topos des Denkers und der Künstlerpersönlichkeit, die Auguste Rodin und Max Klinger mit den Attributen des Zweifels und des Selbstzweifels versehen haben. Anklänge an diese Vorlagen lassen sich auf den Bildern von Macketanz an vielen Figuren ausfindig machen. Die zweite Hälfte des 20. Jahrhunderts setzt am Ende auch das Ich in seiner autonomen

»Blick herab« 1993, 120 x 90 cm, Öl/Leinwand

Subjektivität dem Zweifel aus. Dieser Zweifel gebiert in seiner Überreizung ein Potenzial an Kritik, das keine Barrieren mehr respektiert, ein Vorgang, der sich im inneren Geschehen der Macketanz'schen Malerei nachvollzieht und in dem Gestus der Melancholie, der allen ihren Personen anhaftet, seinen psychologischen Fokus findet.

Die Verwandlung von künstlerischen Gedächtnisbildern in eigene Bilderfindungen der Parodie, der Groteske und der Verunsicherung verstärkt Macketanz erheblich in seinem Werkverlauf der neunziger Jahre, in dem irritierende Kästen und kubische Staffelungen Sperrfunktionen ausüben. Dadurch verliert das Raumgefüge der Bilder zuweilen den weiten Panoramablick in die Tiefe der Landschaftskompartimente und nimmt stattdessen die Begrenzung einer Guckkastenbühne an. 1993 entstehen zwei Gemälde, die das sich verengende Ereignisfeld metaphorisch vertiefen. Eines der Bilder mit dem Titel *Der lebendige Tote* (Abb. S. 8) greift das Assunta-Motiv unterschwellig wieder auf, radikalisiert jedoch die Widersprüchlichkeit des Bildereignisses derart offenkundig, dass der Betrachter sie sofort hinterfragt. Ein seiner Gliederhaltung nach zu urteilen lebloser, nackter Männerkörper wird, fachmännisch an einem Bergsteigerseil gesichert, in himmlische Gefilde hinaufgehoben. An das Seil und an den Toten klammert sich eine zweite, weibliche Gestalt in weißem Gewand, die die Assoziationen eines engelhaften Schutzwesens hervorrufen könnte. Doch der Anflug dieser Assoziation schwindet in dem Maße, wie man die Gebärde des Schutzsuchens statt des Schutzgebens registriert. Christliche Topoi öffnen mit ihrer Verrätselung und ihrer paradoxen Verkehrung den Einstieg in einen Bildkontext, der fern von kanonisierten Lehren beklemmende Fragen nach dem Mysterium des Übergangs zwischen Leben und Tod berührt. Die Bildkonstruktion des Gemäldependants *Blick herab* (Abb. S. 12) hält einen Kasten wie einen Paternoster in der Schwebe zwischen Himmel und Erde. Aus dem Kasten richtet eine in der typischen Haltung der Dürer'schen *Melancholia* verharrende, in ihrer Nacktheit zeitentrückte männliche Gestalt den Blick hinab auf ein in Leblosigkeit versunkenes Gebirgspanorama.

Andere Gemälde aus demselben Jahr verlagern ihr Szenarium gänzlich in geschlossene, diffuse Räume. In dieser von benennbarer Lokalität abstrahierten Eingeschlossenheit lässt eine eigentümliche Zeitmaschine Abläufe ausschließlich zu dem einen Zweck geschehen, sie in einem Schwebezustand zwischen Realität und Traum, zwischen Prozessdramatik und Pose einzufrieren. Hauchzartes, fein abgestuftes Inkarnat und komplementäre Farbigkeiten auf der Kleidung der Personen sowie eine freskohafte Transparenz der Raumgevierte evozieren im Einklang mit den momenthaft erstarrten Körpergesten und Handlungsfolgen Assoziationen an pompejanische Wandmalereien oder an die zwischen Helle und Schatten oszillierenden, somnambulen Bilderzählungen, die Max Ernst unter dem Einfluss seiner Freundschaft mit Paul und Gala Eluard in der Pariser Hochphase seiner surrealen Inspirationen erfand. Ein sinnliches Fluidum von delikater Malerei provoziert den Einstieg in das psychoanalytische Potenzial der Bildgehalte. Unter dem Mantel des Pittoresken quillt verhaltene Dämonie hervor, legt sich wie Mehltau der Hauch des Ruinösen, des Bösen und des Schreckens über ein idyllisches Ambiente. Die auf sich selbst konzentrierte Phantasie der Personen, die in biedermeierlichen Lernstuben vereinzelt vor sich hin sinnieren, projiziert ihre Ängste und Wünsche an die Wände des Raumes, um diesen zu weiten, und produziert doch nur Bilderfolien, auf denen sich die Phantasmagorien der Vorstellung duplizieren.

Wo in den Bildern ein Tätigkeitsprogramm enthalten ist, verrichten die Handelnden ihre Aktionen nicht mit-, sondern nebeneinander, geleitet von einer merkwürdigen Choreografie, die wie der Auslöser eines ferngesteuerten Agierens wirkt. So registriert der Betrachter mit großer Faszination auf den Gemälden *Stein* (Abb. S. 45) und *Der Faden* (Abb. S. 43) aus dem Jahr 1996 die meisterliche Vergegenwärtigung einer im Bild angehaltenen Körperbewegung. Man möchte im Archiv der Kunstgeschichte nachblättern, um die Bewegungsvorlagen und Gewandstudien zu verifizieren, die sich in die Erinnerung drängen, und zugleich registriert man hinter der Vehemenz des eingefrorenen Bewegungsmomentes das Fehlen eines begreifbaren Tätigkeitszwecks. Die sinnliche Präsenz der exaltierten Gebärde liefert den Schlüssel des metaphorischen Horizontes, indem die angehaltene Körpergestik eine psychische Befindlichkeit versinnbildlicht.

Einige Bilder wie *Die Gejagte* und *Regeneration der Zweiheit* (beide 1997/98, ohne Abb.) demonstrieren kommunikative Versuchskonstellationen. Doch auch hier manifestiert sich die Vereinzelung, weil sich die Blickrichtungen der Personen nirgendwo treffen, ein hintersinniges Phänomen, das Macketanz mit Vorliebe in seine Bildgeschichten einschleust. Solche Bilderrätsel chiffrieren daher nicht mehr und nicht weniger als die vielgesichtigen Spielarten der Selbstentfremdung und der Verfremdung zwischen dem Ich und dem Anderen, und sie geben zugleich den geheimen Paradoxien der Psyche ein subversives Abbild. Aus der gemalten Schönheit der Bilder, hinter denen sich das omnipotente Fremdsein verbirgt, erwächst der Schauer, der den Betrachter durchschüttelt, wenn er der verschlüsselten Metaphorik auf die Spur kommt.

Vor der Gefahr, die dekonstruierende Metamorphose der Versatzstücke zu verfehlen, weil die Strategie der Nachahmung und Camouflage möglicherweise allzusehr auf die abwegigen Gleise der Überzeichnung, d. h. der ungebrochenen Pathetik oder der Karikatur, locken könnte, hütet sich der Maler mit Hilfe einer ausbalancierten Melange zwischen Spiel und Ernst, Humor und Tiefsinn. Ein Paradebeispiel für seinen subtilen Umgang mit der Parodie bieten die beiden Bilder mit dem Titel *Arbeit* (Abb. S. 85 u. 87). Die weibliche Gestalt beschäftigt sich mit einem Hund, ein Tun, in dem sich die in unserer Gesellschaft so virulent gewordene Grenzlinie zwischen Arbeit und Spiel auf lapidare Weise relativiert. Die männliche Gestalt trägt einen herrlich grünen, mit Wurzeln ausgestatteten Baum auf ihren Schultern. Ihre Gestik unschuldiger Liebenswürdigkeit persifliert die Repräsentationsposen der Arbeiterhelden im Sozialistischen Realismus, deren Verfallsdatum schon längst Vergangenheit geworden ist. Doch das Bild wirft noch eine weitere Frage im Kontext des Themas Arbeit auf. Während der Zusammenbruch des real existierenden Sozialismus den sozialistischen Helden der Werktätigen auf der Müllhalde der Geschichte entsorgt hat, ist die Arbeit selbst in unserer heutigen Gesellschaft zum akuten Problem avanciert. Denn an die Definition von Arbeit und ihrer sozialen Funktion koppelt sich ihr aktueller Stellenwert an, insofern Arbeit durch ihren Mangel zum begehrten Gut geworden ist. Blühte der sozialistische Arbeiterheld unter den gesellschaftspolitischen Bedingungen eines großen Bedarfs und Aufkommens von auszuführender menschlicher Werktätigkeit, so ist Arbeit heute unter den Vorzeichen der globalen Technisierung und der Verteuerung von Manpower gegenüber der modernen Robotermaschine wie einst das Spiel zum Privileg geworden. Mit derartigen Gemälden aus den letzten beiden Jahren begibt sich Macketanz verstärkt in gesellschaftliche Spannungsfelder des Lebensalltags, sein malerisches Vokabular ist ausgereift genug, ein szenarisches Bildgeschehen mit einer entsprechend komplexen Kontextualisierung zu hinterlegen.

Wien 1991 (Photo: Eduard Rahs)

»Atlantikschwimmerin« 1989, 131 x 127 cm, Öl/Leinwand

»Betende Arbeiter« 1987, 160 x 160 cm, Öl/Leinwand

»Zweistrommadonna« 1988, 105 x 85 cm, Öl/Leinwand

»Ertrunkener Fuchs« 1990, 20 x 30 cm, Öl/Leinwand

»Wandel« 1990, 150 x 100 cm, Öl/Leinwand

»Zwillinge« 1990, 80 x 100 cm, Öl/Leinwand

»Da« 1991, 128 x 143 cm, Öl/Leinwand

»Mein Bruder« 1991, 40 x 40 cm, Öl/Leinwand

»Mein Bruder auf Wanda« 1991, 125 x 194, Öl/Leinwand

»Im Tuch« 1993, 150 x 110 cm, Öl/Leinwand

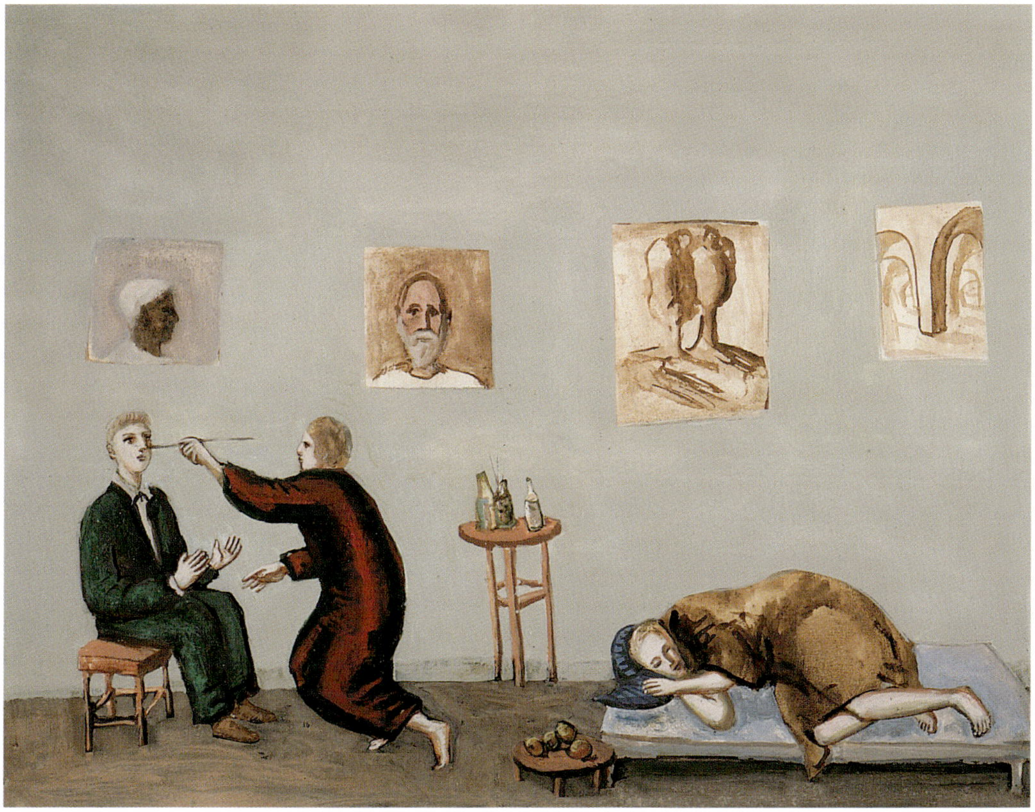

»Alimpijs Schlaf« 1991, 80 x 100 cm, Öl/Leinwand

 »Im leeren Zimmer« 1993, 127 x 183 cm, Öl/Leinwand

»Heilung« 1994, 90 x 100 cm, Mischtechnik/Leinwand

»Ein Raum« 1994, 80 x 120 cm, Mischtechnik/Leinwand

»Die Wendung« 1994, 120 x 90 cm, Mischtechnik/Leinwand

 »Der Schneider« 1994, 100 x 120 cm, Mischtechnik/Leinwand

»Lesen nützt nichts« 1993, 90 x 120 cm, Öl/Leinwand

»Lernen« 1992, 120 x 97 cm, Mischtechnik/Leinwand

Rom 1995 (Photo: Tizza Covi)

»Bärenspaß« 1995, 120 x 90 cm, Mischtechnik/Leinwand

»Sockelbild« 1995, 80 x 100 cm, Mischtechnik/Leinwand

»Der Faden« 1995, 140 x 110 cm, Öl/Leinwand

»Ruf« 1996, 150 x 120 cm, Mischtechnik/Leinwand

»Stein« 1996, 150 x 120 cm, Öl/Leinwand

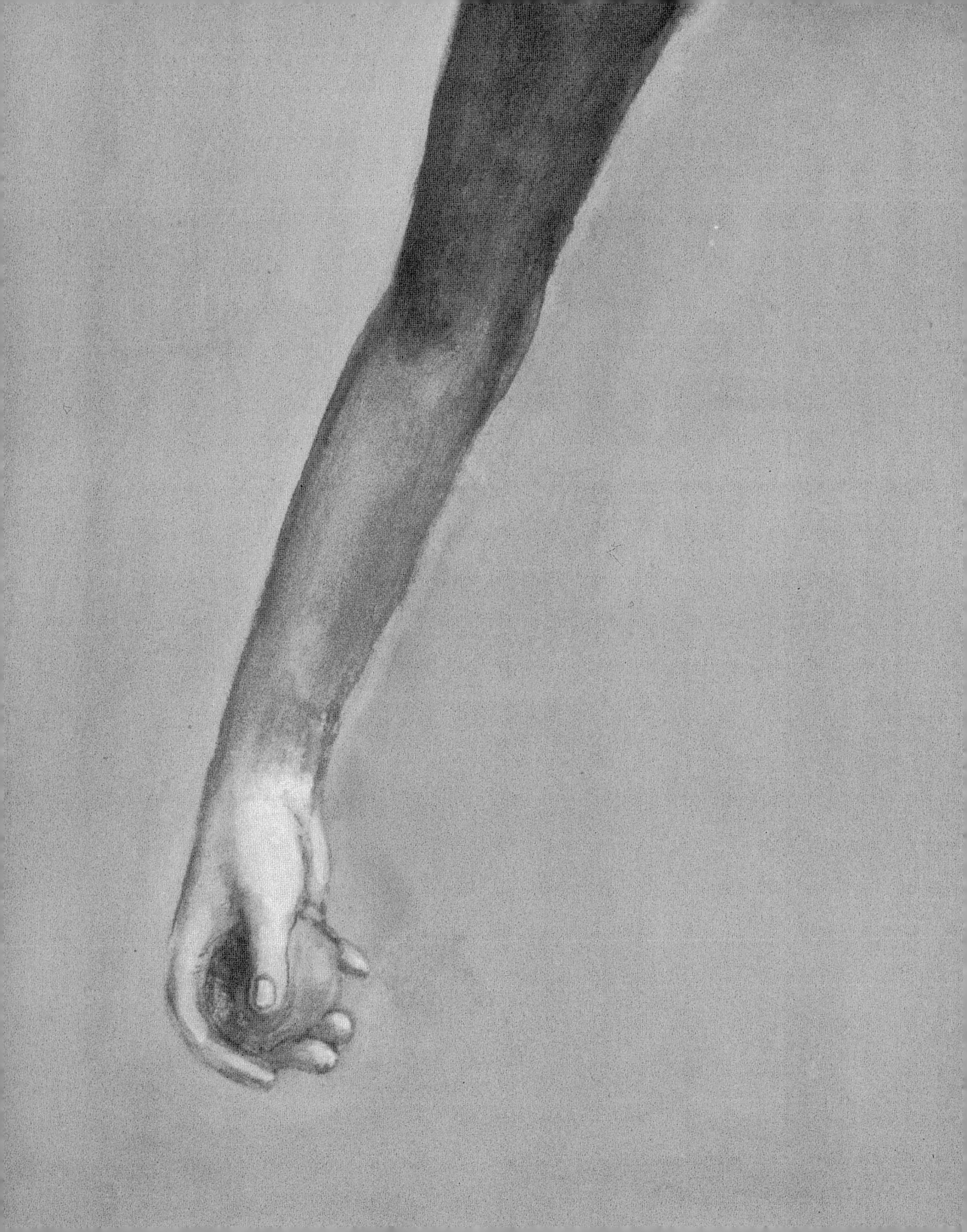

o. T. 1995, 145 x 115 cm, Mischtechnik/Leinwand

»Wer« 1995, 145 x 115 cm, Mischtechnilk/Leinwand

»Die Lügnerin« 1998, 150 x 120 cm, Mischtechnik/Leinwand

»Zwei Frauen« 1996, 210 x 170 cm, Mischtechnik/Leinwand

»La Evangelista« 1996/97, 145 x 115 cm, Mischtechnik/Leinwand

»Die Heldin« 1998, 150 x 120 cm, Mischtechnik/Leinwand

»Die schlafende Tagesmutter« 1997/98, 150 x 120 cm, Mischtechnik/Leinwand

»La fedele« 1996/97, 120 x 90 cm, Mischtechnik/Leinwand

»Das vergessene Rezept« 1997/98, 150 x 120 cm, Mischtechnik/Leinwand

 o. T. 1999, jeweils 30 x 25 cm, Mischtechnik/Leinwand

o. T. 1999, jeweils 30 x 25 cm, Mischtechnik/Leinwand

»Am Tisch« 2000, 150 x 120 cm, Mischtechnik/Leinwand

»Sänger« 2000, 170 x 105 cm, Mischtechnik/Leinwand

»Rose« 2000, 200 x 105 cm, Mischtechnik/Leinwand

»Windig« 2000, 200 x 120 cm, Mischtechnik/Leinwand

»Seilspiel« 2001, 100 x 80 cm, Mischtechnik/Leinwand

»Weißt Du« 2000, 70 x 50 cm, Mischtechnik/Leinwand

»Samariterspiel« 2000, 80 x 100 cm, Mischtechnik/Leinwand

»Nagelspiel« 2001, 80 x 100 cm, Mischtechnik/Leinwand

»Zwangslage« 2001, 80 x 100 cm, Mischtechnik/Leinwand

»Kinderkreuzigung« 2001, 120 x 90 cm, Mischtechnik/Leinwand

Berlin 2002 (Photo: Lisa Macketanz)

»Auftrag« 2002, 100 x 80 cm, Mischtechnik/Leinwand

»Verloren« 2002, 100 x 80 cm, Mischtechnik/Leinwand

»Wanderung« 2002, 100 x 80 cm, Mischtechnik/Leinwand

»Fauteuil« 2001, 150 x 120 cm, Mischtechnik/Leinwand

»Dose« 2002, 150 x 120 cm, Mischtechnik/Leinwand

»Hund« 2002, 150 x 120 cm, Mischtechnik/Leinwand

»Tisch« 2001, 150 x 120 cm, Mischtechnik/Leinwand

»Bad« 2001, 150 x 120 cm, Mischtechnik/Leinwand

»Leiter« 2002, 150 x 120 cm, Mischtechnik/Leinwand

»Dreiergruppe« 2002, 150 x 90 cm, Mischtechnik/Leinwand

»Kiste« 2002, 150 x 90 cm, Mischtechnik/Leinwand

»Wald« 2001, 150 x 120 cm, Mischtechnik/Leinwand

»Arbeit: Bäumetragen« 2003, 150 x 90 cm, Mischtechnik/Leinwand

»Gefunden« 2002, 150 x 90 cm, Mischtechnik/Leinwand

»Arbeit: Hundetragen« 2003, 150 x 90 cm, Mischtechnik/Leinwand

Georg Schöllhammer

Echtmenschen – Ein paar Gedanken zum Werk des Malers Christian Macketanz

I Unlängst stand in einem Interview mit dem Leiter des Privat-TV-Senders RTL II ein schöner Begriff zu lesen: Die Leute hätten heute Sehnsucht nach »Echtmenschen«, er mache daher Programm mit »Echtmenschen«. Ohne es zu wollen und sicher weniger zynisch, als der Senderchef seine Antwort setzte, arbeiteten in den letzten Jahren auch viele junge KünstlerInnen und AusstellungsmacherInnen mit diesem Satz, wenn sie Antworten auf die zentralen Ausgangsfragen an die Kunst suchten: Wie lässt sich das Reale fassen? Was bedeutet ästhetische Transformation? Was ist der Ausdruck künstlerischer Subjektivität? Sehr oft waren die Antworten, die der Kunstbetrieb auf der begründeten Suche nach einer neuen Fassung des Realismus fand, reduktionistische: Das Reale? Ein dokumentarisches Video! Transformationen? Das Fiktionalisieren von Orten und Biografien! Subjektivität? Die eskapistische Flucht in Lebensstilautonomien!

Die junge Kunst gewann das Reale oft nur durch die Abbildung von sozialen und politischen Konflikten als kulturelle für sich. Die identitätspolitische Frage nach den Territorien der Kunst in Zeiten der Eventkultur begann allmählich zu einer Fixierung auf ein neues Genre mit eigener Darstellungsmethodik zu führen. Die Einengungen in der Herangehensweise fanden auf dem Weg dahin weniger thematisch oder auf der Ebene des Ausschlusses von alten Genres oder ästhetischen Praxen ihren Ausdruck, als in allzu kurzen Schlüssen in Bezug auf Formate und Methoden von künstlerischer Repräsentation.

Viele der Großausstellungen der letzten Jahre folgten dieser Formatverengung und setzten einen Schwerpunkt auf das Laufbild: Feature, Fiction, Montage, Kurzfilm, KünstlerInnenvideo, Dokumentation und elektronisch archivierte Performance auf Split Screen, Kinoleinwand, im Single Channel oder Multidisplay-Installationsformat. Die eingangs und richtig gestellten Fragen an das Medium blieben oft von allzu heterogenen Arrangements und Ausstellungsparcours verstellt, und Kunstwelt wie Publikum erfanden die alte Frage wieder: Ist das bildende Kunst?

Keine Überraschung war es also, nein es war zu erwarten, dass über kurz oder lang die Zeitläufte wechselten. Das Pendel schlug Anfang dieses Jahrzehntes wieder in Richtung der klassischen Medien der Kunst aus, und also wurde wieder einmal die Stunde der Malerei eingeläutet. Der ästhetische Wechsel folgte einem recht alten Modell des bürgerlich-modernistischen Kulturbetriebes, in dem KünstlerInnen die Rolle von Symboltechnikern zugewiesen ist, deren Kritikfähigkeit – und deren symbolpolitische Arbeit – in den Dienst der Selbstbestätigung der Institution Kunst gestellt wird, um diese sozusagen »rein« vom Realen zu halten.

Erstaunlich ist, welche Parallelen die Konzepte dieses Rollenspiels zur Vorstellung und Einführung von Echtmenschen in Events und Shows der Unterhaltungsindustrien der Gegenwart haben: Das Private dieser Leute ist ja auch in einem hohen Maß objektiviert. Es wirkt fast schon hyperreal. Die »Echtmenschen« der Fernsehshows bestehen offenbar nicht mehr auf ihrem privaten Besitzstand, auf einer Trennung von öffentlicher und privater Rolle. Ihr Identitätsmodell ist es vielmehr, diese Rollen zu managen.

In der Kunstwelt der Gegenwart kennt man genau diese Rollenanweisung auch, und auch hier ist sie mit einer extensiven Arbeitsteilung verbunden. Gewonnen hat der oder die, welche(r) sich in einem weiten Feld unterschiedlicher und doch austauschbarer kollektiver Rollenbilder bewegen kann, die gänzlich indifferent gegenüber seinen oder ihren persönlichen Fähigkeiten und Qualitäten sind. Mit der einen Ausnahme, dass diese persönlichen Qualitäten mit den jeweiligen Anforderungen der Situation und des Mediums korrespondieren müssen.

Ein Spalt tat sich da auf. Und durch den Spalt, der sich da auftut, beginnt eine andere Trennung zu verschwinden – die zwischen dem Spektakel, das den Blick seines Zuschauers, für den es sich ins Bild setzt, fesseln soll, und jenem anderen, das ihn mit seinem eigenen Blick konfrontiert und das man gemeinhin mit Kunst assoziiert. Zwischen Kunst und Unterhaltung bleibt diese Aufführung des Stückes vom Echtmenschen, der sich selbst aufführt, unentschieden eingepasst. Es findet sozusagen auf der Bühne und im Parkett gleichzeitig statt.

II Für KünstlerInnen ist es in diesen Tagen oft ein Balanceakt, sich auch in solchen Zusammenhängen erfolgreich durchzusetzen und nicht nur berechtigt, laut und solidarisch »nein« zu sagen, sondern gleichzeitig spezifische und universelle Anliegen verstehbar zu machen. Wie ist es möglich, gleichzeitig distanziert zu sein und doch ein produktives Verhältnis zu den nur symbolischen Proklamationen des ästhetischen Jetzt zu entwickeln? Christian Macketanz hat dieses Dilemma – das sich ja seit den 1980ern abzeichnete und immer virulenter wurde – über die Jahre hin in eine Malerei aufgelöst, die sich archetypischer Situationen und Gesten annahm und annimmt. Er ist das, was man wohl am ehesten einen poetischen Realisten nennen könnte. Der Realismus der Motive seiner Malerei bezieht sich jedoch nicht auf ein Nachricht gewordenes Reales, sondern auf die metaphorische Bedeutung von Bildformeln und beschäftigt sich mit Bildkonzeptionen, die erkunden wollen, welche Spannung zwischen dem Funktionieren von Gestenfiguren, ihrem alltäglichen Gebrauch und ihrem ästhetischen Wert liegt. Macketanz reduziert dabei die Komplexität solcher Gestenagglomerationen auf die sehr einfachen Szenen seiner Bilder. In das Allgemeine einer nicht näher definierten Zeitlichkeit gesetzte Figuren treten in diesen Bildern auf: Menschen oder auch Tiere; einfache Requisiten wie ein Baum, ein Möbelstück, ein Alltagsobjekt; einfache Handlungen sind zu sehen. Lapidar sind die Staffagen und Kostüme. Ebenso allgemein bleiben die Farbräume, die Proportionen und die Materialität der Malerei. Ihr Wahrnehmungswissen scheint durch vormoderne malerische Traditionen und Bilder geprägt.

Es ist diese Kultur des Andeutungsweisen, die eine der wesentlichen Charaktereigenschaften der Malerei von Christian Macketanz ausmacht: ihre enge Beziehung, ja Bindung an eine Genre-Geschichte, die vom Neorealismus über das Biedermeier, die physiokratische Malerei der Voraufklärung, zur Frührenaissance und bis zurück in die Freskenmalerei der Antike reicht. Die stille rhetorische Stärke der Bilder, die in diesen Beziehungsfeldern entstehen, liegt dabei in der Uneindeutigkeit ihrer Referenzen und in der stilistischen Eigensinnigkeit, mit der Macketanz ihr fast unsichtbares Geflecht an Anspielungen und Vieldeutigkeiten entwickelt.

Die Verknüpfungsregeln der figurativen Elemente, die Farbe und die Materialität der Malerei sind nicht auf den ersten Blick erkennbar. Sie bündeln sich als Bedeutung tragende Teile der Konzeption erst an einem Schnittpunkt, der, bildhaft gesprochen, nicht direkt vor dem Auge liegt. Am Grund und vor dem Grund und im Hintergrund arbeitet da – und leuchtet – ein Blick, der zutiefst um die Ambivalenz der formalen Arbeit der Malerei weiß.

Anhand einer Werkgruppe, den Kinderbildern, lässt sich dieser Zusammenhang näher beleuchten. Kindheit ist ein vielfach belichtetes Sujet der kommerziellen und massenmedialen Bilderzeugungsmaschinen geworden. Sie darf vieles sein, ja, sie steht fast für alle Freuden und Schrecken der Gegenwart. An ihren Bildern festigen sich Klischees: das der sich selbst von der Welt abschließenden und in ihren Communities verorteten Mittelstandsfamilie in der Werbung ebenso wie das des Elends der ortlos Gemachten in den Newsprogrammen, das der dämonisierten Gewalt in den Suchbildern von Vermisstenseiten im Internet ebenso wie das von entsexualisierten Opfern sexueller Perversionen und Lustmorde, das vom noch fröhlich möglichen Multikulturalismus gleich dem des vom Fremden Bedrohten. Kinderbilder sind Suchbilder gesellschaftlicher Wunschproduktion. Fast immer aber bleiben Kinderbilder eindeutig von den hegemonialen Projektionen der Erwachsenen bestimmt, sie repräsentieren deren Botschaften.

Selten darf Kindheit ein anderes Eigenes darstellen, etwas Ambivalentes, in dem Glück und Schrecken in einer Dialektik aufeinander bezogen sind wie Sexualität und Unschuld, Spiel und Machtspiel.

In den Kinder-Bildern von Christian Macketanz scheint das geglückt zu sein, und zwar auf mehrfache Weise. Zuerst in der Faktur der Malerei selber: Ihr Duktus ist vermeintlich naiv, wirkt auf den ersten Blick unbeholfen, ein wenig holprig sogar. Doch hinter dieser Maske verbirgt sich malerisches Raffinement. Valeurs und Raum der Illusion, Narration und Topologie, Gestenrhetorik und Bildaufbau scheinen wie zufällig gesetzt, und doch ist ihre Tiefenstruktur aus Verweisen auf die Geschichte des Genres konstruiert. Eine kleine ikonografische Enzyklopädie entwickelt sich in dieser Serie, in der die Freskenmaler von Pompeji genauso vorgestellt werden wie die Idealisten der deutschen Romantik oder die kühlen Beobachter der Neuen Sachlichkeit, in der ein Walde oder Runge genauso Platz finden wie ein Balthus oder ein Genremaler des 17. Jahrhunderts.

Es ist aber nicht nur dieses Spiel mit Verweisen, aus dem sich in diesen Bildern ein Faszinosum entwickelt, es ist auch ihre feine Balance, ihre Dialektik im Umgang mit Kindheitsklischees. Oder eigentlich ihr Gang entlang den Grenzen dieser Klischees. Dieser Gang hält den Inhalten der meisten von ihnen etwas entgegen. Nämlich die hier als Typus gezeichnete Subjektivität von Kindheit. Alles ist in dieser Welt angelegt. Das Soziale und die Pose der Eitelkeit wie das Ausgeschlossensein und die Statik der Trauer, die Formen von Vereinzelung wie die des gesellschaftlichen Spieles.

Macketanz malt diese Kinder nackt. Das ist vielen heute an sich schon ein Skandalon, und dennoch wird gerade in dieser Darstellung der Nacktheit die doppelte, auch die dunkle Begehrlichkeit der Erwachsenen nach dem Status der Kindheit, nach dem Kind als Subjekt sichtbar. Macketanz' Blick bleibt jedoch hier so distanziert, dass sich diese Schattentöne nahezu als Memento erst im Betrachter konstruieren, im Vergleich mit den Kindheitsbildern, welche die visuellen Dispositive der Bildindustrien favorisieren.

Jene Unterbrechung, welche die Malerei hier zwischen die öffentliche Wahrnehmung eines Dispositives wie Kindheit und dem privaten Blick auf dieses setzt, organisiert sich, indem sie sich ihrer »anderen« Seite, nämlich dem kontemplativen Ruhen, der Aufmerksamkeit auf die Farbe und die Komposition widmet und so einen antiillusionistischen Raum schafft.

III Notwendig und um nicht in Formalismen gefangen zu bleiben, bedient sich die poetisch-realistische Malerei von Christian Macketanz vielfacher Genreüberschreitungen. Dem konservativen Mythos vom malerischen Handwerk, von der Notwendigkeit der technischen Fertigkeit misstraut sie und lässt ihn ebenso hinter sich, wie den progressiven des offenen Werkbegriffes und eine Einbeziehung der Betrachter in den künstlerischen Produktionsprozess. Und doch gibt es einen Zug in diesem Werk, der seine tiefe Verwurzelungen in Raum- und Subjektvorstellungen von Moderne und Modernismus belegt: Macketanz' Malerei verallgemeinert räumliche Zustände. Sie lässt dabei alle gesellschaftlichen Kodierungen des Raumes außen vor und zieht sich auf eine fast lapidare Darstellung von Subjekten, Handlungen und Objekten zurück. Alles, was diesem Projekt nicht dient, ist aus ihm als substanzlos verdrängt. Es ist ein Interesse an den Grenzzuständen von Malerei, das sich mit einem Interesse an der kulturellen Transformation von Motiven des Anti-Modernismus verbindet, welches in dieser Reduktion einen Punkt gefunden hat, von dem aus der gerade schicken Affirmation dieses Modernismus als Ambient-Folie kühler Lebensstilkonstruktionen gegengesteuert wird. Was Christian Macketanz in seiner kontinuierlichen Definitionsarbeit an Malerei nämlich vorlegt, ist ein Analysemodell der Vorstellungen dieses Anti-Modernismus, der Kontextreduzierung seiner Raum- und Gestenfiguren. Den Standardisierungsgedanken modernistischer Utopien entgegnet Macketanz gleichsam mit der Aura der Dinge und Beziehungen, die aus ihr abgeleitet worden sind. Macketanz' »Ins Bild setzen« dieser Leere verliert sich aber nicht im hedonistischen Spiel mit historischen Differenzen. In ihrer Negation des Sozialen und des Ökonomischen und der Behauptung von Form und Abstraktion wird auch der nostalgische Blick auf diese Formenwelt kritisiert. Der »Standort« der BetrachterInnen wird zum bestimmenden Gesichtspunkt, von dem aus sich einzelne Horizonte,

Perspektiven und Tiefendimensionen dieser historischen Verortung entfalten können.

In einem Wechselspiel von Zentrierung und Dezentrierung, von Homogenisierung und Dehomogenisierung des Raumes kann dann auch sichtbar werden, welcher Illusion des sozialen, ökonomischen oder auch künstlerischen Realismus diese Malerei auf der Spur ist. Die Aktualität einer solchen Vorgehensweise scheint weniger in ihrer Effizienz oder der Möglichkeit kunstbetriebsinterner Verbreitung zu liegen als vielmehr in ihrer Herangehensweise selbst – Christian Macketanz trifft in seinen Bildern einen wichtigen Kreuzungspunkt zwischen modernistischen Idealen und medial formierter postmoderner Kultur. Ihr Beharren auf der Möglichkeit, sich auch gegenüber den Rahmungen einer neuen medialen Realität und ihrer Vorliebe für den »Echtmenschen« durchzusetzen, ist unübersehbar. Man mag darin auch ein Moment der Resignation darüber finden, dass jeder Entwurf individueller Autonomie daran scheitert, dass er sich innerhalb des gegenwärtigen gesellschaftlichen Raumes auf kein allgemein verbindliches, auf kein größeres Modell gesellschaftlicher Autonomie berufen kann. Doch beinhaltet gerade dieses Wissen ja auch die Möglichkeit, sich Subjektivität gegenüber der Objektivität kultureller Ökonomien zu bewahren. Gegen den Raum der Repräsentation erzeugen die Bilder von Christian Macketanz einen »kritischen Raum«. Einen poetischen Raum auch, in dem Arbeit an der Malerei gegen die heute so universelle Vormachtstellung der Erzählung vom Realen möglich ist. Ohne sie zu verweigern, aber dennoch mit dem vollen Bewusstsein ihrer Funktion. Mit dem Ziel, in Bildern eine andere Kohärenz zu gewinnen. Eine, deren Eindeutigkeit sich auf die Widersprüchlichkeit von Bildern gründet.

Anhang

Christian Macketanz, geboren 1963 in Eutin/Schleswig-Holstein, aufgewachsen im niedersächsischen Lüneburg. Studium an der Hochschule für angewandte Kunst in Wien, 1983–1994 Atelier und Wohnsitz ebenda. 1995 Übersiedlung nach Rom, dort ansässig bis 2001. Seit 2002 lebt und arbeitet er in Berlin.

Einzelausstellungen

1988 »Betende Arbeiter« Neue Galerie, Graz (Katalog)
1988 Förderungspreis Traklhaus (mit E. Lampee), Salzburg (Katalog)
1989 »Die Kosmonautin« Kunsthandlung Cajetan Grill, Wien
1989 »Thürnthaler Bilder« K.H.G. Galerie, Wien
1990 »Pferdetragen« pinx. Galerie, Wien (Katalog)
1991 »Neue Heilige« pinx. Galerie, Wien
1991 »Hinterglasbilder und Scherenschnitte« (mit A. Karner) pinx. Galerie, Wien
1992 »Verborgene Wege« Wiener Secession, Wien (Katalog)
1992 »Schlaf und Wandlung« Präsentation eines Buches, Wiener Secession, Wien
1992 »Die erste Ordnung« Kulturhaus Hartberg, Hartberg, Österreich
1994 Galerie Na Bidylku, Brünn, Tschechien (Katalog)
1994 »Im leeren Zimmer« Galerie Ernst Hilger, Wien (Katalog)
1994 »Mein Vater« Galerie Rehbein, Köln
1996 »Neun Frauen« Galerie Rehbein, Köln
1996 »Al fresco – 3 Fresken und 24 Bilder« Galerie Schloss Damtschach, Damtschach, Österreich
1997 »La fedele« Galeria Maniero, Rom (Katalog)
1997 »Die unmöblierten Bilder« Kunstverein Werfen, Werfen, Österreich
1998 »Das vergessene Rezept« Galerie Rehbein, Köln (Katalog)
1999 »Kleine Bilder« Festspielausstellung, Salzburg (Katalog)
2000 »Vier Fresken – ein Bildstock« Unterganzner Hof, Bozen-Kardaun, Italien
2000 Galerie Na Bidylku, Brünn, Tschechien (Katalog)
2000 »7 Miniaturen« Komposition von J. Kretz zu Bildern von C. M., Lemgo
2001 »Kinderzimmer« Galerie Rehbein, Köln (Katalog)
2002 »Wanderung« Stadtgalerie im Heinrich-Heine-Haus, Lüneburg
2003 Galerie Rehbein, Köln
2003 Museumsverein Werfen, Werfen, Österreich (Katalog)
2003 semina rerum – Irène Preiswerk, Zürich

Ausstellungsbeteiligungen

1984 »O, ein Nackter, ich wünschte, er wäre mir« Hochschule für angewandte Kunst, Wien
1985 »Widmung an Wittgenstein« Wittgensteinhaus, Kirchberg am Wechsel, Österreich / Villa Toscana, Gmunden, Österreich

1987 »Vera Nadesa Ljubov« Hochschule für angewandte Kunst, Wien
1989 »Meisterklasse Lassnig« Heiligenkreuzerhof, Wien (Katalog)
1989 »60 Tage – Österr. Museum des 21. Jahrh.« H.A.K., Wien (Katalog)
1990 »Querdurch – Österreichische Malerei der Gegenwart« Dom umenia, Bratislava, Slowakei (Katalog)
1990 »Hoorn / Horn – Junge Kunst in Österreich« Stichting De Achterstraat, Hoorn, Niederlande / Kunstverein Horn, Horn, Österreich (Katalog)
1991 »Menschen, wir, alle« Neue Galerie, Graz
1992 »Echolot – Junge österreichische Kunst« Vindobona Desa, Krakau, Polen
1993 »Die Räume meiner Freunde« Galerie Rehbein, Köln / Galerie Kaltenbach, Frankfurt am Main
1993 »Das Abstrakte« Galerie Rehbein, Köln
1994 »Quelle Köln« Galerie Rehbein, Köln / Galerie Van Kranendonk, Den Haag
1994 »Babylon« Galerie Schloss Damtschach, Damtschach, Österreich
1994 »Menschenbild« Österreichische Galerie Schloss Halbturn, Halbturn,Österreich (Katalog)
1994 »1, 2, 3, 4 ... 50« Traklhaus, Salzburg (Katalog)
1995 »Stilleben« Galerie Na Bidylku, Brünn, Tschechien (Katalog)
1995 »De Voorstelling« Vrije Universiteit, Amsterdam
1995 »Neue Räume« Galerie Rehbein, Köln
1995 Malersymposium Werfen, Werfen / Traklhaus, Salzburg (Katalog)
1996 »10 Jahre Malersymposium Werfen« Werfen, Österreich (Katalog)
1997 »Pittura« Castello di Rivara, Turin (Katalog)
1997 »Sotto il sole di Roma« Kunsthalle Exnergasse, Wien
1998 Haus der Kunst, München (Katalog)
1998 »Misure uniche« Young Museum, Palazzo Ducale, Revere, Italien (Katalog)
1999 »L'arancia era l'unica luce« Galeria Maniero, Rom
1999 »Faistauerpreis« (Anerkennungspreis) Traklhaus, Salzburg (Katalog)
1999 Museo Internazionale, Belvedere Ostrense, Ancona, Italien (Katalog)
2000 »Codici virtuali« La Salara, Bologna, Italien (Katalog)
2001 »Soho« Galerienaktion Ottakring, Wien
2001 »Desire« Blickle-Stiftung, Karlsruhe (Katalog)
2002 »Desire« Museo di Arte Contemporaneo, Bologna, Italien
2002 Haus der Kunst, München (Katalog)
2003 »Figur und Landschaft« Museumsverein Werfen, Hohenwerfen, Österreich (Katalog)
2003 Haus der Kunst, München (Katalog)
2003 »Arche Noah« Galerie Gabriele Rivet, Köln

Karin Thomas

The Appearance of the Unfamiliar in the Pictures of Christian Macketanz

Only at second glance does the viewer register the amount of hidden meaning that Christian Macketanz packs behind the surface scenario of his pictorial narratives. One's attention is too taken up by the charm of the picturesque details, the transparent, hovering colours, and the grace of the figures, who seem to be taken from everyday life, yet at the same time strangely removed from it. With painterly subtlety and a large number of interwoven motifs borrowed from art history, the artist entices us into the inner space of his pictures and there exposes us to the shock of the greater and lesser of life's parodoxes with the seductive power of poetic mystery.

In this sense, Macketanz, a pupil of Maria Lassnig, carries with him those obsessive experiences of world and self that Viennese actionism took over from the lascivious eroticism and psychoanalytic dissections of the Austrian fin de siècle, revitalizing this legacy in his own body and painting performances in an even more radical fashion. However, Macketanz has always abstained from the wildly gesticulating artistic eruptions that dominated the climate of the Austrian art scene during his years of study in Vienna. It was already too clear in the eighties that these neo-expressionistic paroxysms would quickly run out of energy. Instead, from the start, Macketanz concentrated on an unconventional mimesis of genre painting, almost classical in effect, tampering surreptitiously with the landscapes and figural detail in such a way that only the uncertainty emanating from the picture's structure makes the viewer aware of the latent deformations of a seemingly untroubled normality. Only rarely do the indicators of uncertainty become so clearly apparent as in the painting with the succinct title Ein Raum *(A Room, p. 32) (1994): in the right-hand segment of the picture, a tree clings with its roots to the ceiling of a space that we can interpret as being a studio because of what the person in it is doing. In its leafy branches, a male person is observing another man in a white smock, who has interrupted his work on drawing up a plan and is amazed to see this invasion of upside-down nature into his technical space. However, both figures are strangely uninvolved in the action of the picture; this is expressed by the passivity and inactivity of their hands.*

A refined manner of painting prepares the double sounding board upon which anachronisms are both concealed and revealed. The treatment of carefully selected artistic attitudes and pictorial narratives reflects an artistic strategy based on camouflage that exploits art history for its own purposes, using covert irony and parody to destabilize and re-arrange the borrowed vocabulary of images.

References to art-historical models are evident in many paintings from the years 1987 to 1992, even though Macketanz had not joined in the then ubiquitous practice of »quotation-based« painting (Zitatenmalerei). He takes iconographic topoi from the fund of art history and transforms them with his own unmistakeable signature. For example, the painting with the pregnant title Wandel (Transformation, p. 23) (1990) blends the gesture of Titian's Assumption from the Frari church in Venice with El Greco's manneristic stigmata of transcendence, thus subjecting the meaning of the picture to a surprising »transformation« in relation to its Venetian model. For Macketanz extends the wonderful transcendence of the Assunta to include the people watching the Assumption in the lower part of the picture. Hovering horizontally, they follow the vertical ascent of the Madonna figure as it is led by angels into the heavenly spheres. With astonishing ease of manner, Macketanz makes a central article of faith of Catholic provenience, the physical transfiguration of the Virgin Mary during the Assumption, which Titian has so strikingly and sensuously depicted, embrace all the figures in his pictorial narrative. The vertical movement of the figure of the Madonna is the only feature he takes over in the compositional structure. This reversal of meaning with regard to the Christian canon of beliefs casts the message of the Renaissance model – focused on the sensuous contemplation of a miracle – back into the profane realms of traumatic fantasy, without stealing from the picture any of the poetic aura resulting from its artistic refinement.

Artistic conceptions like these result from an individual synthesis of imitation and metamorphosis, a method that has amazing parallels with Goya's capriccio concept. As the specific medium of this artist, combinatory mimesis unites disparate elements, and subjects borrowed motifs to the transformative play of fantasy, in the end producing a concept that is fundamentally original. Goya thus uses the camouflage of the capriccio form as a »capricious arrangement« to »expose the true nature of things« even more clearly in the pictures produced by his imagination. Goya's monstrous inventions transform what had been a virtuosic showpiece, a jovial work of fantasy that in Baroque art, music, and literature became a kind of party game. They waken it from what Hans Belting calls the »sleep of rationality« and turn it into »a critical mirror of the world«, without detracting from the typical character of the capriccio as an »ingenious combination of the imagination.«

A picture like Zwillinge (Twins, p. 24) by Macketanz can be used as an example to demonstrate the direct relationships to Goya's interpretation of the capriccio. The disturbing effect of the picture Zwillinge does not result from the depiction of two twins attached at the chest; it arises from the troubling superimposition of the figures of the Siamese twins on a romantic landscape. In this configuration, the twins appear as pandemonic transgressions of an otherwise intact nature. The grotesque nature of the composition gives a reminder of the malice of human society, whose media make mere objects of people with abnormalities by presenting them as monstrous freaks.

For contexts like these to flash out from the pictorial narrative, the viewers have to be drawn into the pictures by some attractive force. As was said at the beginning of this article, Christian Macketanz relies heavily on the mimetic potency of evocative pictures that are stored in the memory. Their interconnection gives rise to a type of visual thought that derives its persuasive force from the coherence of its pictorial imagery, without any abstract conceptuality.

Idyllic landscapes under broad skies faintly recall the idealized Italy of the Nazarenes and pre-Raphaelites. The expansive landscapes showing the Lower Austrian part of the Danube or depictions of mountainous regions as seen from a summit pulsate with the expressive breath of the Romantic period and the Blaue Reiter group; the abstraction of detail makes their topographies unlocatable. Their fascinating profundity gives them the sublime raptness of landscapes by Claude Lorrain, despite all the differences, especially as Macketanz, like this masterly 17th- century inventor of landscapes, also places his figures at the margins of his panoramas. However, while the mythological referential context of Claude Lorrain's figures reflects the sublimity of the idealized landscape, the people in Macketanz's expansive panoramas mostly have little connection with the idyllic landscapes or Gothic-style spaces that the artist spreads out in front of or behind them. They either look for or find a nothingness (Da, 1991) (There, p. 25), are a picture within a picture, like the brother in Mein Bruder auf Wanda (My brother on Wanda, p. 27), depicted classically in riding pose from below, or they freeze in the theatrical or even sculptural attitudes that have been passed down in art history as specific, formula poses since ancient times. However, most of the *figures peter out in an empty expectancy that seems senseless. The saint on a ledge who, in his unworldliness, does not manage to help the donkey waving its four legs about to its feet, is also perceived by the viewer as being such a figure. The donkey becomes a metaphor for the helpless, grotesque situation of the saint, something which runs counter to the usual idea of the steadfast assurance of a saint who puts his trust in God.*

A typical feature of Macketanz's figures is their theatrical gestures, which go a long way towards raising the pictures' meaning from the level of the narrated events to the metaphorical level of a possible psychoanalytical diagnosis. The figures' stylized poses recall the body language of Nicolas Poussin's biblical and mythological figures; Poussin, who lived in Rome as a contemporary of Claude Lorrain, tried to combine the iconography of ancient mythology and religious meditation with the artistic modernism of Caravaggio. But Macketanz undermines Poussin's concrete message, extracting only his refined poetry and predilection for stylized, dramatic figures and using them instead to create an attitude of melancholy that seems ornamental in effect. This constant melancholy ties in with the pictorial language of the grotesque insofar as the inspiration of the grotesque – induced by overexcitement – draws delusory, dreamlike or nightmare pictures in accordance with psychoanalytic diagnosis. Its state thus reflects nothing but uncertainty, for which Macketanz provides an artistic equivalent with the grotesque contexts featured in his compositions.

The depiction of the melancholic temperament has a long tradition in art history. Dürer created its classic personification as a female allegory; the melancholic gave rise to the topos of the thinker and the artistic personality, which Auguste Rodin and Max Klinger furnished with the attributes of doubt and self-doubt. Reminiscences of these models can be found in many figures in Macketanz's pictures. In the second half of the 20th century, even the autonomous subjectivity of the ego was subject to doubt. Taken to an extreme, this doubt gives birth to a critical potential that respects no borders, a process that is reflected in the inner narrative of Macketanz's paintings and is focused in the air of melancholy inherent in all their figures.

In his works of the nineties, Macketanz increasingly transformed pictures taken from the »artistic memory« into his own inventions informed by parody, the grotesque, and uncertainty. In these works, confusing boxes and staggered cubic formations act as barriers, which means that the spatial structure of the pictures sometimes loses the broad, panoramic view into the depths of the landscape compartments, and instead takes on the limitations of a peep-show. In 1993, Macketanz painted two pictures that metaphorically deepen the narrowing field of events. One of the pictures, with the title Der lebendige Tote *(The Living Corpse, p. 8) takes up the Assunta theme again on a subliminal level, but so obviously radicalizes the contradictions of what is happening in the picture that the viewer immediately calls it into question. A naked male body, the position of whose limbs suggests lifelessness, is raised up into the heavenly spheres, expertly secured to a mountaineering rope. A second, female figure in a white robe is clinging to the rope and the dead man; she might evoke associations with an angelic, protective being. But this hint of an association dwindles when one gradually recognizes her gesture as being one of looking for, rather than giving, protection. Christian topoi, here enciphered and subjected to a paradoxical reversal, give access to a pictorial context, far removed from standard teachings, that touches on oppressive questions regarding the mysteries of the transition between life and death. In this painting's counterpart,* Blick herab *(View Downwards, p. 12), a box, like a paternoster lift, is shown hovering between heaven and earth. From the box, a male figure, in the typical pose of Dürer's* Melancholia *and made timeless by its nakedness, directs its gaze downwards onto a mountain panorama sunken in lifelessness.*

Other paintings from the same year move their scenarios entirely to closed, diffuse spaces. In this state of confinement abstracted from any definable locality, a strange time machine allows events to take place with the sole purpose of freezing them in a suspended state between reality and dream, between processual drama and pose. Delicate, subtly graded skin colouring and complementary colouring on the figures' clothing, a fresco-like transparency of the spatial segments, together with the bodily gestures and events frozen in time, evoke associations with Pompeian wall paintings or with the somnabulary pictorial narratives, oscillating between brightness and shadow, that Max Ernst created under the influence of his friendship with Paul and Gala Eluard at the height of his surrealist inspiration in Paris. A sensuous aura of delicate painting provokes the viewer into examining the psychoanalytical potential of the pictures' content. Under the cloak of the picturesque, a restrained demonic force wells up; the breath of destruction, of evil, of horror, settles like mildew on an idyllic setting. The self-involved imagination of the figures, musing alone and introspectively in Biedermeier studies, projects their fears and desires onto the walls of the room in order to extend it, yet it produces only backgrounds upon which their imagined phantasmagories are duplicated.

Whenever the pictures contain activity, the protagonists carry out their actions not with one another, but alongside one another, following a strange choreography that seems to trigger the activity by remote control. For example, in the paintings Stein *(Stone, p. 45) and* Der Faden *(The Thread, p. 43), the viewer registers the masterly depiction of frozen body movement with great fascination. One would like to look through an art historical archive to verify the models of motion and clothing that insistently come to mind. At the same time, behind the vehemence of the frozen movement, one registers the lack of any tangible purpose to the activity. The sensuous presence of the exalted gesture provides the key to the symbolic horizon: the interrupted movement symbolizes a psychological state.*

Some pictures, like Die Gejagte *(The Hunted Woman) and* Regeneration der Zweiheit *(Regeneration of Twoness), both from 1997/98, demonstrate communicative experimental configurations. But here, too, isolation is manifested, because the figures' gazes never meet; a cryptic device that Macketanz likes to smuggle into his pictures. Picture riddles like these are thus no more and no less than the encipherment of the many different versions of self-alienation and the estrangement between the Ego and the Other. At the same time, they provide a subversive depiction of the secret paradoxes of the psyche. The horror that takes hold of the viewer when he comprehends the cryptic symbolism derives from the painterly beauty of the pictures which serves to conceal this omnipotent alienation.*

There is a danger that the deconstructive metamorphosis of the borrowed images could fail if the strategy of imitation and camouflage were to lead too much onto the false trail of exaggeration – i.e., of forthright pathos or caricature. The painter guards against this by employing a balanced mixture of playfulness and seriousness, humour and profundity. The two pictures with the title Arbeit *(Work, pp. 85, 87) provide prime examples of his subtle treatment of parody. The female figure occupies itself with a dog, an activity in which the borderline between work and play that has become so virulent in our society becomes succinctly relative. The male figure is carrying a splendidly green tree, together with its roots, on his shoulder. His look of innocent kindness satirizes the impressive poses of the heroic workers in socialist realism, whose use-by date is long past. But the picture raises another question as regards the subject of work. While the collapse of real socialism has dumped the socialist worker-heroes on the trash heap of history, work itself has become an acute problem in our society. This is because the definition of work and its social function have now been joined by the question of its current status, inasmuch as work has become a sought-after commodity owing to its rarity. Whereas the socialist worker-hero flourished under socio-political conditions in which there was a great demand for human labour and many tasks that required it, work today, in times of global technologization and the increase in the price of manpower as opposed to the modern robot machine, has become a privilege, as was formerly the case with play. With pictures like these painted in the last two years, Macketanz has increasingly entered societal fields of tension in everyday life. His artistic vocabulary is highly developed enough to charge a pictorial narrative with an appropriately complex contextualization.*

Georg Schöllhammer

Real-People – A few thoughts on the works of the painter Christian Macketanz

I Recently, there was a nice piece of terminology to be found in an interview with the director of the private TV station RTL II: audiences today were looking for »real-people« (Echtmenschen), he said, which is why he was focusing on »real-people« in his programmes. In the past few years, many young artists and exhibition organisers – although not deliberately, and certainly less cynically than the TV station boss – have also used this sentence when looking for answers to the central, basic questions about art: How can the real be depicted? What does aesthetic transformation mean? What is the expression of artistic subjectivity? The answers that the art world found while justifiably searching for a new version of realism were often reductionistic: The real? A documentary video! Transformations? The fictionalisation of locations and biographies! Subjectivity? The escapist retreat into autonomous lifestyles!

Modern art often only got a hold on the real by depicting social and political conflicts as cultural ones. In the era of »event culture«, the identity-defining question of what territory belongs to art gradually began to lead to a fixation on a new genre with its own methods of representation. On the way, the restrictions in approach became apparent not so much in the choice of themes or in the exclusion of old genres and aesthetic practices, as in all too narrow notions of format and methods of artistic representation.

Many large exhibitions in recent years conformed to this narrowing-down of formats, placing their emphasis on the moving picture: feature, fiction, montage, short film, artist video, documentation and electronically archived performance on split screen, cinema screen, in single-channel or multi-display installation format. The questions justifiably asked of the medium at the start of this article were often obscured by overly heterogeneous arrangements and exhibition circuits, and both the art world and the audience posed the old question once again: is this art?

It was therefore no surprise – in fact, it was to be expected – that sooner or later the times would change. At the start of this decade, the pendulum began to swing back towards the classical artistic media, and painting came into its own again. This aesthetic change was informed by a age-old model of the bourgeois, modernistic culture industry, in which artists are give the role of »symbol technicians« whose critical skills – and work on the politics of symbols – serve to confirm the identity of the institution of art, keeping it »free« of reality, so to speak.

It is astonishing what parallels the concepts of this role game have with the presentation and use of »real-people« in events and shows created by the contemporary entertainment industry: the private aspect of these people is also, to a very large extent, objectified. It almost seems hyper-real. The »real-people« of the television shows obviously no longer insist on their rights to privacy, on a division of their public and private role.

Rather, their model of identity is one of »managing« these roles. Exactly the same treatment of roles is also standard in the present-day art world, and here, too, it is connected with an extensive division of labour. The winner is the person who can move within a broad field of different, yet interchangeable collective role images that are completely independent of his or her personal abilities and qualities – with the one exception that these personal qualities have to correspond to the demands of the respective situation and medium.

Here, a gap opens up. And, through this opening gap, another division starts to disappear – the division between the spectacle that is meant to hold the gaze of the viewer for whom it is created, and the other sort of spectacle that confronts the viewer with his/her own gaze and is usually associated with art. This play with »real-people« who perform themselves hovers somewhere between art and entertainment, in no definite category; it could be said to take place simultaneously on the stage and in the stalls.

II *For artists these days, it is often a balancing act to successfully assert themselves in such contexts as well, and not just to say a justifiable, loud, community-spirited »no«, but make comprehensible some specific and universal concerns. How is it possible to keep one's distance, yet develop a productive relationship to the merely symbolic proclamations of the aesthetic present? Over the years, Christian Macketanz has resolved this dilemma – which emerged in the 1980's and has become ever more virulent since then – in paintings that used and use archetypal situations and gestures. He is what one could probably best call a poetic realist.*

However, the realism of the motifs in his painting does not derive from something real that has become a message, but from the metaphorical meaning of artistic formulae. It concentrates on artistic conceptions that aim to explore the tension between the function of gestic figures, their everyday use, and their aesthetic value. Macketanz reduces the complexity of these gestic agglomerations to the very simple scenes depicted in his pictures. These paintings feature figures placed in a generalised setting of an undefined time: they show people or animals; simple things like a tree, a piece of furniture, an everyday object; or simple actions. The costumes and staffage are kept minimal. The colour fields, the proportions and the materiality of the paintings also remain generalised. Their mode of perception seems to have been moulded by pre-modern traditions and pictures.

This culture of suggestion is one of the main characteristics of Christian Macketanz's paintings: their close connection with, or even dependence on, a genre history that extends back from neo-realism, via Biedermeier and the physiocratic painting of the pre-Enlightenment period, to the early Renaissance and even the fresco paintings of classical antiquity. The calm rhetorical strength of the pictures created within these fields of reference is, however, derived from the ambiguity of their references and the stylistic individuality with which Macketanz develops their almost invisible network of allusions and complex meanings.

The rules governing the connection of the figurative elements, the colour, and the materiality of the paintings cannot be perceived at first glance. They only come together as meaningful parts of the conception at an interface that, to put it in pictorial terms, is not directly before one's eyes. On the ground, and in front of the ground, and in the background there is a gaze working – and shedding light; a gaze that profoundly understands the ambivalence of the formal work of painting.

This can be more closely examined by taking a particular group of works as an example: the pictures of children. Childhood is a subject frequently used by commercial and mass-media image-production machines. It can mean many things; indeed, it stands for almost all the joys and horrors of the present day. Clichés cling to such pictures: the advertising images of the middle-class family that shuts itself off from the world and is rooted in its community, and pictures in the news showing the misery of those made homeless; the images of demonised violence shown on missing-persons pages on the internet, and those of the desexualised victims of sexual perversions and arbitrary killings; optimistic images of a potential multi-culturalism, and those of the threat posed by what is foreign. Pictures of children are picture puzzles of the social production of desires. However, pictures of children are almost always clearly influenced by the hegemonic projections of adults, and represent adults' messages.

It rarely happens that childhood is allowed to stand for something different and individual in its own right, something ambivalent, in which happiness and horror are related to one another dialectically like sexuality and innocence, game and power game.

Christian Macketanz's pictures of children, seem to achieve this, and, indeed, at several levels: firstly, in the facture of the painting itself: its style seems naive, appears awkward or even clumsy at first glance. But this mask conceals a painterly refinement. Values and the space of illusion, narration and topology, gestic rhetoric and composition seem accidental, yet their deeper structure is constructed out of references to the history of the genre. In this series of paintings, a small iconographic encyclopaedia is developed in which the fresco painters of Pompeii, the idealists of the German Romantic period and the cool observers of the »Neue Sachlichkeit« are all equally present; in which Walde and Runge find a place just like Balthus or a genre painter of the 17th century.

But it is not only this game of references that produces the fascination of these pictures; it is also their fine balance, their dialectics in dealing with clichés of childhood. Or, to put it another way, the way they move along the borders of these clichés. This movement provides something to counter the content of most of these clichés: namely, the subjectivity of childhood that is here presented as a type. Everything is present in this world: the social and the pose of vanity, as well as exclusion and the static nature of grief, the forms of isolation and those of the social game.

Macketanz paints these children naked. For many people today, this in itself is a scandal; but it is precisely in this representation of nakedness that the double, and even dark desire of adults for the status of childhood, for the child as subject, becomes visible. Macketanz's gaze remains so objective, however, that these nuances are constructed only in the viewer, almost as a memento, in comparison with the pictures of childhood favoured by the visual complexes of the image industry.

The organisation of the hiatus that the paintings create between the public and the private perception of a complex like childhood by devoting itself to its »other« side, namely, that of contemplative peacefulness, and to colour and composition, thus producing an anti-illusionistic space.

III *Christian Macketanz's poetic-realistic paintings often cross genre boundaries, both of necessity and so as not to remain caught up in formalisms. They show a mistrust of the conservative mythos regarding the craftsmanship of painting and the necessity for technical skill, leaving it behind as it does the progressive mythos of an open work-concept and the inclusion of the viewers in the process of artistic production. And yet there is one trait in these works that proves their deep-rootedness in the spatial and subjective concepts of modernity and modernism: Macketanz's paintings generalise spatial situations. They exclude all the social connotations of the space and restrict themselves to an almost abbreviated representation of subjects, actions and objects. Everything that does not serve the purposes of this project is rejected as being without substance. An interest in the borderline states of painting combines with an interest in the cultural transformation of anti-modernist motifs, and finds a point in this reduction from which to counter the now fashionable affirmation of this modernism as a backdrop for cool lifestyle constructions. Through his continuous work on the definition of painting, Christian Macketanz gives us an model for analysing the concepts of this anti-modernism, and the contextual reduction of its spatial and gestic figures. Macketanz opposes the notions of standardisation inherent in modernistic utopias with the aura of the things and relationships that are derived from it. However, Macketanz's visualisation of this emptiness does not lose itself in a hedonistic game of historical differences. The nostalgic look at this world of forms is also criticised in its negation of social and economic aspects and the assertion of form and abstraction. The »location« of the viewers becomes a point of view that allows particular horizons, perspectives, and deeper dimensions to unfold.*

In the interplay of centralisation and decentralisation, of homogenisation and de-homogenisation, it can also become apparent which illusion of social, economic or even artistic realism is being explored by these paintings. The relevance of a method like this seems to derive less from its efficiency or the possibility of its spreading within the art industry than from the approach itself – in his pictures, Christian Macketanz hits upon an important intersection between modernistic ideals and a media-influenced post-modern culture. Their insistence on the possibility of asserting themselves despite the background of a new media reality and its predilection for »real-people« is not to be ignored. In them, one might also find an element of resignation about the fact that every project of individual autonomy fails because it cannot draw on any generally accepted or larger model of social autonomy in today's social space. But this awareness also holds the possibility of saving subjectivity from the objectivity of cultural economies. The pictures of Christian Macketanz produce a »critical space« as opposed to the space of representation. A poetic space as well, in which it is possible to work on painting despite the supremacy of the narration of the real that is so universal today. Without rejecting it, but nonetheless with a complete awareness of its function. With the aim of gaining a different coherence in pictures – a coherence whose clarity of meaning is based on the contradictoriness of pictures.

Bibliografische Information der deutschen Bibliothek
Die Deutsche Bibliothek verzeichnet diese Publikation in der Deutschen Nationalbibliografie; detaillierte bibliografische Daten sind im Internet über http://dnb.ddb.de abrufbar

Herausgeber: Museumsverein Werfen, Markt 21, A-5450 Werfen, Österreich

Printed in Germany
Übersetzung: Tim Jones, Köln
Gestaltung: A-100, Berlin
Reprophotographie: Giorgio Benni, Rom; Jakob Gasteiger, Wien; Andrew Phelps, Salzburg; Eduard Rahs, Wien; Atelier Wolf, Bischofshofen; Jens Ziehe, Berlin
Reproduktion: mc kommunikationsmedien GmbH, Hürth
Druck und buchbinderische Verarbeitung: B.o.s.s Druck und Medien GmbH, Kleve

ISBN: 3-8321-7277-7 (Buchhandelsausgabe)
ISBN: 3-8321-7319-6 (Katalogausgabe)